ओक में बूँदें

[कविता-संग्रह]

ओक में बूँदें

जाबिर हुसेन

राजकमल प्रकाशन

ISBN : 978-93-88183-03-1

मूल्य : ₹299

पहला संस्करण : 2018

प्रकाशक : राजकमल प्रकाशन प्रा. लि.
1-बी, नेताजी सुभाष मार्ग, दरियागंज
नई दिल्ली-110 002

शाखाएँ : अशोक राजपथ, साइंस कॉलेज के सामने, पटना-800 006
पहली मंज़िल, दरबारी बिल्डिंग, महात्मा गांधी मार्ग, इलाहाबाद-211 001
36 ए, शेक्सपियर सरणी, कोलकाता-700 017

वेबसाइट : www.rajkamalprakashan.com
ई-मेल : info@rajkamalprakashan.com

मुद्रक : बी.के. ऑफसेट
नवीन शाहदरा, दिल्ली-110 032

OAK MEIN BOONDEN
Poems by Jabir Husain

गौरी लंकेश के नाम

आँखें खुलीं
तो नींद ने
सपने चुरा लिये

मरने से पहले
मैं अपने उदार पाठकों को
अपनी अन्तिम इच्छा बताना चाहता हूँ
कृपया इस किताब को जला दें
जो कुछ मैं वाक़ई कहना चाहता था
इस किताब में नहीं है, हालाँकि
इसे मैंने अपने ख़ून से लिखा है
मैं ख़ुद अपनी छाया से पराजित हूँ
मेरे शब्दों ने मुझसे प्रतिशोध लिया है

मुझे माफ़ कर दें, मेरे प्रिय पाठक
अगर मैं गरमजोशी भरे आलिंगन के साथ
आपसे विदा नहीं ले सकूँ
मैं फिर भी दुखी मन और ज़बरदस्ती भरी
मुस्कुराहट के साथ आपसे विदा लूँगा
सम्भव है, यही मेरा सच हो, लेकिन
मेरे प्रिय पाठको, मेरी अन्तिम बात सुनो
मैंने जो कुछ भी कहा है, उसे दुनिया की
सबसे बड़ी उदासी के साथ
वापिस लेता हूँ!

—निकानोर पार्रा

1914–2018

अनुक्रम

ये वो बातें हैं जो मिस लिलारो द्रिगेस ने तब कही थीं
जब वे छह और सात साल के बीच थीं :

आसमान में मंगल ग्रह के लोग क्यों नहीं दिखते?

*जब बच्चा माँ के पेट में होता है तो क्या उसके पास
खिलौने होते हैं?*

मैं ख़तरे में हूँ! दो चींटियाँ मुझे घूर रही हैं।

सभी अक्षरों में मुझे U पसन्द है, क्योंकि यह हँसता है।

*मम्मी, तुमने लाइट क्यों ऑन कर दी? तुमने अँधेरे को
ऑफ़ क्यों कर दिया?*

*मैं अपनी कान की लवें चबाना चाहती हूँ, लेकिन मैं
ऐसा कर नहीं पाती!*

पता है, मैं हमेशा वहाँ होना चाहती हूँ, जहाँ मैं नहीं हूँ!

मुझे बड़े होकर बच्चे नहीं चाहिए, क्योंकि वे गेंदें फाड़ देते हैं।

*क्या मुझे ये बिस्कुट कल के लिए चाहिए? बेशक।
भविष्य भूखा है।*

सांता क्लाउस होते हैं, क्योंकि मैं चाहती हूँ कि वे हों।

—एदुआर्दो गालेआनो

1940–2015

बच्चे इन दिनों

बच्चे नहीं देखते इन दिनों
आकाश
नहीं निहारते चन्द्रमा और सितारे
उन्हें आकर्षित नहीं करते
बादलों के झुंड, बर्फ़ीले पहाड़
उनके सपनों में नहीं आते
समुद्र, नहीं आतीं नदियाँ
उन्हें नहीं मोहती
इन्द्रधनुष की छटा
क्षितिज की आभा
अनजान बने रहते हैं वो
खेतों में उगी फ़सलों से
पेड़ों में लगे फलों से
उनका ध्यान नहीं खींचते
बग़ीचों के
रंग-बिरंगे फूल और पौधे

डरे सहमे रहते हैं बच्चे हर पल
अपने घरों में, स्कूलों में, गलियों में
इन दिनों!

डब्बू की चिन्ता

काफ़ी देर से
पाँच साल का डब्बू
रो रहा था
रोये जा रहा था
किसी के रोके
नहीं रुक रहा था
मना-मनाकर, सब
के सब, थक गए
आख़िर में, पिता आए
बच्चे के रोने की रफ़्तार
कुछ और तेज़ हो गई

पिता ने बच्चे से
रोने की वजह पूछी

आँसुओं के बीच
सिसकते, सुबकते डब्बू ने
टी.वी. पर चल रही
ख़बर का हवाला देते हुए
रुआँसी आवाज़ में कहा—

बापू, ख़ुदरा बाज़ार
बन्द करने जा रही है, सरकार
तुम अब कहाँ
लगाओगे अपना
खोन्चा!

बच्चों का डर

फ़ेसबुक पर
निलय की एक पोस्ट देखकर
बच्चों ने मेरी शान्ति
भंग करते हुए पूछा—

तस्वीरों में गंगा
समुद्र की तरह अन्तहीन
क्यों दिखती है, पापा
समुद्र से उसकी कोई
स्पर्धा है क्या?

इसकी लहरें भी
समुद्र की तरह
कभी शान्त, कभी अशान्त
होती रहती हैं
मछुआरे अपनी नावों से
कभी मशीन कभी पतवार
के सहारे गंगा की
लहरों पर, उसी तरह

तैरते हैं, जैसे समुद्र में
फिर नदी और समुद्र में
फ़रक़ क्या है, पापा?

(अजीब-अजीब सवाल पूछकर
बच्चे मुझे
आफ़त में डालते रहते हैं)

कुछ देर सोचकर मैंने
एक गम्भीर तर्क गढ़ा—
गंगा लम्बी यात्रा करके
समुद्र में ही मिलती है
वही दरअसल
उसका घर है

बच्चों ने टोका—लेकिन समुद्र
क्यों नहीं आता कभी
नदी के पास, उससे मिलने?

समुद्र आया तो
गाँव के गाँव पानी में
डूब जाएँगे
खेतों में खड़ी फ़सलें
तबाह हो जायेंगी
फिर हमें खाने को
अन्न कहाँ से मिलेगा?

मेरा तर्क
बच्चों की समझ में आ गया

उस दिन उन्होंने मुझसे फिर
कोई प्रश्न नहीं पूछा

बच्चे अन्न की बात सुनकर
डर गए थे!

बग़िया

अक्सर मेरी आँखों में तैरती है
चाय बग़ान में पत्तियाँ तोड़ती
एक कमसिन बच्ची
जिसने पहन रखे हैं
ढीले-ढाले रंगीन कपड़े, और
हाथों में थाम रखा है
मटमैला सा एक झोला
डालती जाती है
चाय की ख़ुशबूदार पत्तियाँ वो
इसी झोले में

एक दिन, वो नहीं आई
बग़ान में अपने काम पर
मेट ने पूछा उसकी सहेलियों से
नहीं बता सकीं वो
उसकी ग़ैरहाज़िरी की वजह

सात दिन बाद, वो लौटी चाय बग़ान
नये रंगों से सजे थे, उसके कपड़े
भँवों के बीच चमक रही थी, लाल बिन्दी
और माँग में भरा था, सिन्दूर

इशारों में बताया उसने
अपनी सहेलियों को—
बापू ने रचा दी है
गाँव के प्रधान से मेरी शादी
अब मैं काम नहीं करूँगी
चाय बग़ान में
प्रधान कहता है
मुझे सजानी है, उसकी बग़िया

इतना कहकर चली गई
चाय बग़ान से
पत्तियाँ तोड़ती वो लड़की
लौटकर नहीं आई, फिर कभी

लेकिन, पता नहीं क्यों, अब भी
तैरती है, मेरी आँखों में
उसकी काया!

एक दिन बच्चों ने पूछा

एक दिन बच्चों ने पूछा—
कैसे लिखते हैं पापा समुद्र
फिर पूछा—कैसे दिखते हैं पापा समुद्र

इसी तरह कभी पूछा था बच्चों ने—
कैसे लिखते हैं पापा नदी
कैसी होती है नदी

नदी की कल्पना आसपास थी मेरे
नहीं हुई कोई ख़ास दिक़्क़त बच्चों को बताने में
कैसी होती है नदी
पर समुद्र मेरी कल्पना से परे था
उस दिन मैंने बच्चों के सवालों से
अपनी आँखें चुरा ली थीं

कई बरस बाद
जब ज़िन्दगी ने थोड़ी फुर्सत पाई
मैंने दर्शन किये समुद्री शहरों के
कई-कई दिन कई-कई रातें
गुज़ारीं समुद्री लहरों के साथ
मीलों गया समुद्र का सीना चीर

देखा कैसे चलती हैं समुद्र में युद्ध-पोतें
कैसे निकालते हैं समुद्र की गहराइयों से
जलने वाले पदार्थ
कैसे पकड़ते हैं समुद्री मछलियाँ बिछाते हैं जाल
कैसे अग़वा कर ली जाती हैं समुद्री नावें
आज़ाद मछुआरे कैसे बना लिये जाते हैं बन्दी
टिकाते हैं मछुआरे तूफ़ानी लहरों पर
कैसे अपनी नवकाएँ गाते हैं गीत
डोलती नावों पर कैसे बेख़ौफ़ करते हैं नृत्य
कैसे चुन-चुन लाते हैं
समुद्री थपेड़ों से बनती रेत-आकृतियाँ
कैसे दूर कहीं
समुद्री टॉवरों पर
जलते हैं सुरक्षा के दीप
खड़ा होता है बन्दूकें दूरबीनें ताने अकेला कोई प्रहरी
कैसे पैदा होती है समुद्री लहरों की मदद से एटमी ऊर्जा
कैसे दूर करते हैं समुद्री जल से उसका खारापन
और पाइप में भर-भर
कैसे बेचते हैं उसे बाज़ारों में

कैसे तट पर तैरती हैं तृष्णाएँ
कैसे खुलती हैं रंग-बिरंगी बोतलें
कैसे धुएँ में पिघलती है तरुणाई
कैसे नशे में डूबती हैं आत्माएँ
गुब्बारे कैसे उछलते हैं आसमानों में
कैसे बजती हैं धड़कनें एकदम से तेज़ कर देने वाली धुनें
कैसे सुलगती है आग कैसे बुझती है राख

रेतीली ज़मीन पर समुद्री हिलकोरों के बीच
कैसे थिरकती हैं परियाँ

कैसे फैलती-सिमटती हैं उनकी पोशाकें
ढँक जाते हैं कैसे
जिस्मों से उनके जिस्म

कैसे डूबता-उबरता है
लम्बी दूरी तय करके आने वाला कोई थका जहाज़
कैसे धँस जाते हैं कभी
रेत में उसके आहनी डैने

कैसे विराजती हैं समुद्री गुफ़ाओं में आस्थाएँ
ज़िन्दा रहती हैं किंवदंतियाँ
कैसे सिमट आती हैं एक पल में
हज़ारों साल की दूरियाँ
मैंने देखा कैसे पिघल जाती हैं चट्टानें
उभर आते हैं द्वीप

कैसे तय होते हैं समुद्री तट पर बने
सितारा होटलों सी-रिसॉर्टों में सौदे
कैसे होती है सिक्कों की लेन-देन अदलाबदली

सब कुछ देख कर लौट आया हूँ
इस शाम मैं अपने गाँव
मेरी आँखों में बसी है
अनुभव की एक विशाल दुनिया
अपने बच्चों को बताने उन्हें समझाने
बरसों पूर्व पूछे गए उनके सवालों के जवाब

इस शाम मैं लौट आया हूँ अपने गाँव
मैंने आवाज़ दी है अपने बच्चों को
बारी-बारी नाम-उपनाम से पुकारा है उन्हें

कुहासे और धुन्ध में ढँकी हैं
मेरे गाँव की दीवारें
लौट आई है मेरी आवाज़
घर के आगे खड़े पुराने पेड़ की शाखें
सहलाती हैं मेरे कन्धे कहती हैं शायद

बच्चे तेरे अब नहीं रहे बच्चे
हो गए हैं बड़े
सपनों में उनके नहीं रह गया है समुद्र
जान गए हैं वो बड़े होकर
कैसे लिखते हैं समुद्र
कैसे दिखते हैं समुद्र!

बच्चों ने फिर पूछा

दूसरे दिन, न जाने कैसे
बच्चों को
याद आ गई गंगा—

क्या है, गंगा का स्थायी पता
पापा?
क्यों चाहिए तुम्हें ये पता?
चिट्ठी लिखनी है मुझे
उसके नाम, नववर्ष की
शुभकामनाएँ भेजनी हैं
कुछ प्रश्न भी करने हैं, उससे

प्रश्न! गंगा से?
कोई स्वप्न तो नहीं देखा
तुमने बीती रात?

स्वप्न नहीं, पापा, पूरी रात
जाग कर मैंने कुछ चित्र बनाये हैं
रंगों में ढाला है उन्हें
पानी और आकाश
पहाड़ और पेड़-पौधों का

कोलाज बनाया है, मैंने
इन्हें गंगा को पोस्ट करना है

तुमने ही कहा था, कभी
गंगा ठहरती नहीं है, एक मुक़ाम
बहती रहती है, सदा
नदियों वाली अपनी किताब में
मैंने ढूँढ़ा, गंगा का स्थायी पता
कहीं नहीं मिला
लेखकगण कितने लापरवाह
हो गए हैं, इन दिनों, पापा
नदियों के स्थायी पते भी नहीं लिखते
गूगल वाले भी लाचार हैं
नहीं दिखाते, गंगा का स्थायी निवास

तुम अक्सर कहते हो
तुमने दुनिया देखी है
नदियाँ देखी हैं, समुद्र देखे हैं
तुम बताओ, कहाँ है
गंगा का स्थायी ठिकाना?

बच्चों के इन प्रश्नों से
उभर आई हैं, मेरी पेशानी पर
अनगिनत गहरी लकीरें
आगे, उनके सम्भावित प्रश्नों से
डर कर मैंने कहा—

समुद्र, केवल समुद्र ही है
सभी नदियों का स्थायी पता
चाहो, तो गंगा के लिए

अपनी शुभकामनाएँ
भेज सकते हो, इसी पते पर

बच्चों ने पता जानकर
अपने रंगीन, आकर्षक लिफ़ाफ़े पर
लिखा—गंगा, द्वारा समुद्र
और डाल आए उसे
घर के बाहर, सड़क किनारे उस
लेटरबॉक्स में, जिसे खोलकर
हर दोपहर, कोई मुलाज़िम
तमाम चिट्ठियाँ सुरक्षित अपने
बड़े थैले में भरकर
डाकघर ले जाता है!

सवालों का ताप

एक दिन
बच्चों ने पूछा—पापा
तारे क्यों चमकते हैं
आकाश में?
पहले मैंने
कन्नी काटने की कोशिश की
पर वो अपनी ज़िद पर
क़ायम रहे
मैंने बचाव की मुद्रा अपनाई
और कहा—तारे आकाश में नहीं
शून्य में चमकते हैं
पर चमकते क्यों हैं, भला
बच्चों ने प्रतिकार किया
इसलिए कि ईश्वर ने उन्हें
ऐसा करने का आदेश दिया है
ईश्वर ने उन्हें
ये आदेश क्यों दिया, पापा?
ये तो ईश्वर ही बता सकेगा
मैंने हथियार डाल दिया

बच्चे फिर भी
अपने सवालों पर डटे रहे
हमारा साइंस ईश्वर से
बड़ा है क्या, पापा
वो सवालों में छिपे रहस्यों से
भागता नहीं, उन्हें खोलता है!

पुश्तैनी धर्म

बच्चे तपती ज़मीन पर पसरे कंचे खेल रहे थे
मेरी जब उनके नंगे बदन पर नज़र पड़ी
वो यकायक संजीदा होकर मेरी तरफ़ देखने लगे
कंचे उनकी उँगलियों के बीच दबे रह गए

अचानक उन्हें ख़याल आया
मैं उन्हें अपने साथ
मालिक के खेतों में
बँधुआई करने को ले जाने आया हूँ
कोई एक चीज़ जो उन्हें सख़्त नापसन्द थी
वो मालिक की बँधुआई थी

अपनी उँगलियों में फँसे कंचे लिये
बच्चे मेरे क़रीब आए
मुझसे पूछा—कंचे खेलना मेरा पैदाइशी हक़ है
मुझे इससे क्यों महरूम करते हो
लेकिन बँधुआई तुम्हारा पुश्तैनी धर्म है
मैंने नाराज़ होते हुए बच्चों से कहा

बच्चों ने कंचे हवा में उछाले, और
मेरी तरफ़ सवालिया नज़रों से देखते हुए बोले—
धर्म! वो तो शीशे की एक कँटीली दीवार है
इसे निभाओ तो उँगलियाँ ख़ून-ख़ून हो जाती हैं!

धूप मेरे आँगन

धूप मेरे आँगन के
किसी उदास कोने में
उसी तरह दुबकी है
जैसे बेटी
माँ की डाँट से दुखी
घर के किसी
अँधेरे हिस्से में
दुबक जाती है

दूर, आसमान पर
कुहासे की ओट में
छिपा हुआ सूरज
उसी तरह मुस्कुराता है
जैसे भाई अपनी बहन की
मायूसी देखकर
मुस्कुराता है!

उस रात सरहद पर

उस रात, सरहद पर
गोलियाँ बहुत चली थीं
बमों की बारिश हुई थी
आसमान धुएँ से
भर गया था

उस रात, सरहद पर
लाशों के झुंड बिछ गए थे
दोनों बाज़ू की ज़मीनें
ख़ून से
लाल हो गई थीं

सिर्फ़ एक बच्चा
सीमा पर बने बंकर में
चुपचाप, घास पर लेटा
अपनी माँ के
काम से लौट आने
की राह
देख रहा था!

कुछ उत्पाती बच्चे

शायद ही बचा हो
मेरे कमरे की खिड़कियों का
कोई पारदर्शी शीशा, जिसे
बच्चों की तेज़-रफ़्तार गेंदों ने
चकनाचूर नहीं कर दिया हो

ग्रिल तोड़ नहीं सकते थे वो
आसानी से, इसलिए बच गए
कभी-कभी, गेंदें ग्रिल के भीतर
आकर मेरी मेज़ पर रखी
किताबें अस्त-व्यस्त कर देतीं
दवातें गिर कर टूट जातीं, और
स्याही फ़र्श पर फैल जाती

मौसम के साथ गेंदों का उत्पात
आगे-पीछे होता रहता
सर्दियाँ आतीं, तो कँपा देने वाली
शीतलहरी भीतर आ जाती, और
कमरा कुहरे से भर जाता

गर्मी लू, धूल-धक्कड़
आँधी लेकर आती और
सारा कुछ बदरंग हो जाता
बारिश में, फुहारें किताबों को
अक्सर नम कर जातीं

खिड़कियों के टूटे शीशे
जिन्हें मैंने सँभालकर
कमरे के एक कोने में
शो पीस की तरह रख छोड़ा है
मेरे चेहरे पर फैली असहजता
देख-देख मुस्कुराते

घर के सदस्यों ने
नए शीशे लगाने की ज़िद की
ताकि उनकी परेशानियाँ दूर हों
मैंने उनकी एक नहीं सुनी
अपने हठ पर कायम रहा

दरअसल, मैं चाहता था
मेरे कमरे की खुली खिड़कियाँ
टूटे शीशे, हर पल मुझे
याद दिलाते रहें—
कुछ उत्पाती बच्चे, कभी
इस घर में अपनी
गेंदें उछाल-उछाल
ख़ुश हुआ करते थे

कीलें

एक दिन
मैंने अपनी माँ से पूछा—
माँ, मेरी हथेलियों पर
ये कीलें कैसी हैं
मेरी माँ ने जवाब में
अपने बटुए से कुछ पैसे निकाल कर
मेरी अधखुली हथेली पर
रख दिये
और ख़ुद किसी गहरी सोच में
डूब गई

नहीं मालूम
मेरी माँ मेरे सवालों के जवाब
अपनी चुप से क्यों देती है

एक दिन
जब मैं अन्दर की घुटन से
ऊब गया
तो मैंने
माँ की साड़ी का पल्लू
अपनी ओर खींचते हुए कहा—

माँ!
ये कीलें
मुझे सालती हैं

मेरी माँ अपना बटुआ टटोलने लगी
जो उस दिन संयोग से ख़ाली था

मैंने उसे बेबस पाकर
अपना सवाल दुहराया—
ये कीलें—
मेरी माँ प्यार से
मेरे गाल थपथपा कर बोली—
कुछ नहीं बेटे
सो जा, रात हो गई—

इतना कहकर मेरी माँ ने
साड़ी का पल्लू बराबर करते हुए
अपनी हथेलियों से
मेरी आँखें ढँक लीं

मैंने पहली बार
अपनी आँखों से देखा
माँ की हथेली पर भी
गड़ी थी वैसी ही
एक कील!

उँगलियों के बंजर इशारे

किसी अस्पताल में सर्जन था मैं, उन दिनों
जब, जनवरी की एक सर्द बर्फ़ीली शाम
एक ज़ईफ़ आदमी
ज़ख़्मी हालत में, इलाज के लिए
मेरे पास आया
धोती उसने कमर से थोड़ा नीचे
बाँध रखी थी, जबकि टाँगों का
ज़्यादातर हिस्सा खुला था

चादर हटाकर, उस आदमी ने मुझे
अपनी छाती दिखाई, जो उसके
लहू से तरबतर थी
मैंने साथ आए एक निरीह व्यक्ति से पूछा—
क्या हुआ, कैसे हुआ?

उँगलियों के बंजर इशारों से, उसने
हवा में, पिस्तौल का चेहरा बनाया
ज़ख़्मी आदमी, इस दौरान, मौन रहा
मैंने देखा, उसकी कमर में टँगी
गोल घड़ी की सूइयाँ
एक जगह आकर रुक गई थीं

मेरे पास समय बहुत ही कम था
मैंने उसे ऑपरेशन टेबल पर लिटाया
तब तक, उसकी साँसें चल रही थीं
बेहोश करने का वक़्त नहीं था, मेरे पास
यूँ भी कुशल सर्जन मरीज़ों को बेहोश
करने में वक़्त ज़ाया नहीं करते

मैंने चेहरे पर, औरों की तरह
मास्क नहीं लगाया, दास्ताने भी नहीं पहने
अपनी उँगलियों में से एक उस छेद में
डाल दी, जो दिल के बिलकुल पास था
मेरे हाथ में, पिस्तौल की एक गोली आ गई
जो अब भी ज़ख़्मी आदमी के लहू की
आँच से दहक रही थी

मैंने ऑपरेशन टेबल के ठीक ऊपर लगे
बल्ब की तेज़ रोशनी में
पिस्तौल की उस गोली को
ग़ौर से देखा
मुझे किसी तटीय भाषा-लिपि में लिखे
कुछ झिलमिल अक्षर दिखाई दिये

बाद में, मैंने एक भाषाविद् को
पिस्तौल की वह गोली दिखाई
ग़ौर से देखकर, उसने बताया
इस पर लिखा है : हे राम!

ज़ख़्मी आदमी, और गोली पर लिखे अक्षर
दोनों मेरी समझ में आ गए थे
मैंने, ससम्मान, एक रंगीन ग़िलाफ़ में

ढँककर वह गोली देश के सबसे बड़े
संग्रहालय में रखवा दी

ज़ख़्मी शख़्स, सफ़ेद कपड़ों में लिपटा
किसी सुसज्जित वाहन से लौट गया
उसी रास्ते, जिधर से कुछ देर पहले
वो मेरे पास आया था

उस बर्फ़ीली रात, मैंने सर्जन की
नौकरी छोड़ दी, और नालन्दा स्थित
अपने गाँव आ गया
तब से यहीं रहता हूँ, और एकान्त में
ख़ून के आँसू रोता हूँ!

नाटक मदिरापान की बेला

रोज़ की तरह
राजा अपने
आलीशान कक्ष में बैठा है
भँवें उसकी तनी हुई हैं
आँखों से चिनगारी फूट रही है
मदिरा उसकी शिराओं में
उन्माद की लपट बनकर
बह रही है
सर उसका हीरों के ताज से
ढँका हुआ है
राजा के तख़्त की दोनों भुजाएँ
सजीले मोरपंखों की
छटा से प्रदीप्त हैं
जिनका सहारा लेकर
वो अपने तख़्त से
खड़ा होता है, लेकिन
पाँव उसके लड़खड़ा जाते हैं
महामंत्री आगे बढ़कर
राजा को सँभालता है

सीढ़ियाँ उतरकर वो
कक्ष के मध्य में

आ जाता है
परिचारिकाएँ स्तब्ध खड़ी हैं
उसके इर्द-गिर्द
उनके हाथों में रंगीन 'चँवर' हैं
जिनसे वो
राजा के चेहरे पर
उतर आया पसीना सुखा रही हैं

तभी, किसी ओर से
घंटे की तेज़ आवाज़
सुनाई देती है

राजा चौंकता है, भयभीत होता है
उसके पाँव लड़खड़ाते हैं
सहारा देने को
इस वक़्त कोई
'अमात्य' नहीं है, उसके पास

घबराई आवाज़ में राजा प्रहरियों को
पुकारने की कोशिश करता है, मगर
ज़बान उसकी घबराहट का
साथ नहीं देती
राजा मूर्च्छित होकर
क़ालीन पर गिर पड़ता है

उत्सव बेला में
आरम्भ होने से पहले ही
अपने पात्रों समेत
अन्धकार में
डूब जाता है
नाटक!

विराम

धरती बचाने की फ़िकर में
ज़्यादा ही कुछ
बेचैन हैं वो, इन दिनों
इस क़दर कि अक्सर उन्हें
अपने आसपास
व्याप रही बदबुओं का
एहसास तक नहीं होता

दिन–रात, उन्हें
चिन्ता रहती है
उन विचारों की
जो अजन्मे हैं

उन लिपियों की
जो मिट चुकी हैं
उन किताबों की
जिन्हें लिखा जाना
अभी बाक़ी है

उन फूलों की
जो अभी खिले नहीं

उन पौधों की
जिनके बीज
मिट्टी में पड़े नहीं
उन पेड़ों की
जिनकी कोंपलें
अभी फूटीं नहीं

वो काँपते रहते हैं
अपने भीतर
किसी सम्भावना से, जो
कभी भी
दे सकती है उनकी
लीलाओं को विराम

वो व्याकुल हैं
उस सम्भावना से
जो कभी भी
कर सकती है
उनकी क्रीड़ाओं का
अन्त!

ताकि तुम देख सको

बीती रात
डरते डरते, मैंने
ख़ाब में आए
बाबा बुल्ले शाह से कहा—

सरहद पार से आया हूँ, बाबा
कँटीले तारों को पार करके
रास्ते में, इस पार उस पार
सैकड़ों सर कटी
लाशों को लाँघ कर
उनके लहू से
अपनी पोशाक भिगोकर
बंकरों में, यहाँ वहाँ
खुली क़ब्रों में सोए पड़े
जवानों के बीच
अपने सूखे आँसू बहाते
झाड़ियों में छिपे
ज़िन्दा कंकालों के झुंड देखते
यहाँ तक आया हूँ, बाबा

हाथों में मेरे, ये जो
काली राख देख रहे हो, बाबा
कुछ जली हुई लाशों, मकानों
स्कूलों, अस्पतालों से
इकट्ठा की है, मैंने
तुम्हारे लिए
सिर्फ़ तुम्हारे लिए
ताकि तुम देख सको
कितनी लहूलुहान हो गई है
तुम्हारे ख़ाबों की वो दुनिया
जिसे तुम अपने गीतों से
हमेशा चाहते थे सँवारना

हमारे, और तुम्हारे
एक जैसे थे, ख़ाब
पुरखे भी, एक ही थे
हमारे, बाबा
इसीलिए तो लाया हूँ
बड़े जतन से
अपनी मुट्ठी में
ये राख!

आख़िरी संवाद

कई दिनों से
सोच रहा हूँ
ख़ुदा से मेरा
आख़िरी संवाद कब हुआ—
उस दिन, जब तेज़ाब से झुलसे
गाढ़ो राम को जर्जर ठेले पर लादकर
अस्पताल ले गया, और
डॉक्टरों से
उसके इलाज की याचना की

या उस दिन, जब राजा के घर की
चौथी मंज़िल से
बुख़ार में तप रहे ऊदल साव
के गिर कर मर जाने पर
मुआवज़े के फ़ौरी भुगतान के लिए
आक्रोशपूर्ण प्रदर्शन और घेराव किया

या उस दिन, जब अस्सी साल के
शहामत हुसैन की मौत पर गाँव के
दबंगों ने क़ब्रिस्तान में उन्हें

दफ़न नहीं होने दिया, और मुझे
सीधी कार्रवाई पर उतरना पड़ा

या उस दिन, जब हेहर बिन्द को
नक्सली बताकर पुलिस ने
मौत के घाट उतार दिया, और
प्रतिकार स्वरूप मुझे जनसभाएँ
करनी पड़ीं, पुलिस को घुटना
टेकने पर मजबूर करना पड़ा

या उस दिन, जब दबंगों से
रहम की भीख माँग रही भीड़ की
मदद में सीना तानकर खड़ा हुआ

न जाने, कितने दिन बिताए
कितनी रातें बसर कीं
उन बन्दों की ख़ातिर
जिनके दिल में
ख़ुदा का ख़ौफ़ बसा था

फ़रिश्तो! बताओ, कब हुआ था
ख़ुदा से
मेरा आख़िरी संवाद?

साल की आख़िरी कविता

बरसों बाद, एक डाकिया
मेरे गाँव में आया था
कुछ चौंकाती ख़बरें
कई जन्मों के ख़ाब
संकल्पों, प्रतिज्ञाओं की
नई-पुरानी खेप
कुछ अख़बार पुराने, कुछ नई किताबें
बस्ता भर के लाया था

कंधे थके-थके थे उसके
आँखों की बीनाई भी
कमज़ोर पड़ गई थी
धूल जमी थी कपड़ों पर
बाल तमाम सफ़ेद हो गए थे

मैंने पूछा—इतने दिन तुम कहाँ रहे
क्या ये गाँव भुला बैठे थे
या हम सबसे रूठ गए थे
कहने लगा—तुम नहीं देखते
ऊपर शून्य में तारों का
संग्राम छिड़ा है
नीचे, धरती पर

गुमनाम ख़ुदाओं की
सेनाएँ जुटी हुई हैं

बरसों जेल में रहकर
आज ही लौटा हूँ
मुझ पर, मेरे हाकिम ने
इलज़ाम धरा था, मैं
पत्रों के साथ
बग़ावत का सन्देश
गाँव पहुँचाता हूँ
मेरी बात अनसुनी रही
हाकिम ने ख़ुद मेरे गले में
बाग़ी का पट्टा लटका कर
काल कोठरी में डाला था
बस आज ही
जेल से छूट के आया हूँ

हाकिम ने आदेश दिया है
हर चिट्ठी, हर पत्तर खोल के
उसके कारिंदे अब देखेंगे
यही वजह है, इतने बरस मैं
आपके गाँव से दूर रहा
लेकिन जेल की दीवारों
के बीच भी मुझको
इस गाँव की याद
बराबर आती थी
मेरे ख़ाब में अक्सर
गाँव के बच्चे काका भैया
कहकर मुझे बुलाते थे
क्या करता मैं
हाकिम का आदेश जो ठहरा!

मेरी पतवार

कहीं देखी है तुमने
आँसुओं की
झील में बहती
शिकस्ता नाव मेरी

मैं कब से ढूँढ़ता हूँ
अपने हाथों में लिये
पतवार अपनी
न जाने क़िस दिशा में
चल रही है, नाव मेरी

हवाएँ तेज़ हैं
कुहरा घना है
तुम्हारी झील का
पानी भी अब
आहिस्ता-आहिस्ता
किसी के ख़ौफ़ से
जमने लगा है

किधर जाएगी मेरी नाव
बर्फ़ीली सिलों के

ताप से होकर
मेरी पतवार है
हाथों में मेरे
कहाँ ढूँढूँ, तुम्हारी झील में खोई
शिकस्ता नाव अपनी

तुम्हें शायद पता हो
नाव मेरी
किस दिशा में
बह रही है

हवाएँ तेज़ हैं
कुहरा घना है
मेरी पतवार मुझसे
पूछती है—
मैं किधर जाऊँ
कहाँ जाऊँ?

ख़्वाबों का मौसम

अच्छा किया जो
छुपा लिये तुमने
आँखों की गहराई में
अपने ख़्वाब

ये मौसम ख़्वाबों के
ज़मीन पर
उतरने-सँवरने का नहीं
बिखरने का है

तुम लेकिन बचाए रखना
इन ख़्वाबों को
अपनी पुतलियों में
नर्म हथेलियों के बीच
तुम्हारी आँखों में ये जो
नदियाँ हैं, झरने हैं
इन्हें पलकों की ओट में
सँभाले रखना

मुझे यक़ीन है, एक दिन
ख़्वाबों के बिखरने का

ये मौसम स्याह बादलों की
परछाईं बनकर उतर जाएगा
तुम्हारी आँखों से
तब तुम खोलना
अपनी सर्द पुतलियाँ

वही होगा, दरअसल
तुम्हारे ख़ाबों के
ज़मीन पर
उतरने-सँवरने का
मौसम!

तुम ही कहो

तुमने सोचा, कभी
क्यों थम गए हैं
इन गुफ़ाओं की
दहलीज़ पर आकर
तुम्हारे पाँव ?

इस क़दर एकाग्रचित्त
ध्यानमग्न होकर
इन आदिम खँडहरों के बीच
कहीं तुम वो बुनियादें तो
नहीं ढूँढ़ रहे, जो
हज़ारों बरस पहले, ख़ुद तुमने
इतिहास की रेतीली धरती पर
अपने कठोर तप से उगाई थीं ?

याद है न!
इन बुनियादों को कभी
तुमने अपनी धर्म-संरचना में
नीति की संज्ञा दी थी, और
सत्ता की मूल चेतना कहा था

इन बुनियादों के दीर्घ जीवन
के लिए तुमने, गली गली
घर घर, गुप्तचरों की
टुकड़ियाँ तैनात की थीं
विष-कन्याओं की
सेवाएँ ली थीं
तुमने केवल
अपने शिष्यों को नहीं
सम्पूर्ण धरा को
अर्थ की नीति, और
नीति के अर्थ
का दर्शन समझाया था

तुमने अपने शत्रुओं, और
उन तमाम लोगों को
जो तुमसे सहमत नहीं थे
मौत की नींद सुला दिया था
लेकिन, इतिहास ने कभी तुम्हें
अपनी जीत का
जश्न मनाते नहीं देखा
न कभी तुम्हें दुश्मनों की हार
पर अट्टहास करते सुना

इन गुफ़ाओं की तंग, और
तारीक दुनिया में रहकर
तुमने, नहीं मालूम, अपने तप की
कितनी सदियाँ बिताईं
कितनी लड़ाइयों का नेतृत्व किया
कितनी सत्ताएँ गिराईं

कितनी विजय–आकांक्षाओं को
धूल चटाया

तुम ही कहो
इन गुफ़ाओं की
दहलीज़ पर आकर, आज
थम क्यों गए हैं
तुम्हारे पाँव
तुम्हारी भुजाओं का वो बल
तुम्हारी शिखा का वो तेज
कहाँ खो गया है
तुम ही कहो
आचार्य ?

क्लेरिनेट पर एक धुन

अगली शाम, जब वो आई
उसके हाथों में किताबें नहीं
क्लेरिनेट जैसा कोई वाद्ययंत्र था

आते ही उसने कहा—मेरी माँ ने
अपने हाथों बनाया है इसे
सबसे प्रिय यंत्र है ये
मेरी माँ का, जिसे वो हर पल
सीने से लगाये रखती है

उस शाम, क्लारा ने वाद्ययंत्र में
अपनी गर्म साँसें भरीं, और
धीमे स्वर में
एक अजनबी धुन बजाई—
ये धुन बहुत पसन्द है
मेरी माँ को
एकान्त में अक्सर शाम पार्क
या चर्च वाटिका में
किसी सुनसान बेंच पर बैठकर वो
ये धुन बजाती है—

क्लारा को याद नहीं; कितनी बड़ी थी वो
जब पहली बार उसने ये धुन
अपनी माँ से सुनी
इतना ज़रूर याद है उसे कि
ये धुन बजाकर उसकी माँ अक्सर
ग़मगीन हो जाती, और
न जाने किन यादों में खो जाती थी

ये बात तब की है
जब उसकी माँ इतनी कमज़ोर
नहीं हुई थी, और
डॉक्टरों ने उसके बाहर निकलने पर
रोक नहीं लगाई थी
बाद में, मर्ज़ बढ़ता गया, और
बीमारी संगीन होती गई, तो
बिस्तर पर लेटे-लेटे ही उसने
क्लारा को ये धुन सिखाई, और
इस कोमल वाद्ययंत्र में
अपनी गर्म साँसें भरने
की कला समझाई

एक दिन, अचानक उसकी माँ
उसे 'अलविदा' कहे बिना
चल बसी, क्लारा ने कहा—
तब से ये यंत्र मेरी अपनी
ज़िन्दगी का क़ीमती
हिस्सा बन गया है
मैं भी इसे, माँ की तरह
अपनी जान से कहीं ज्यादा
अज़ीज़ रखती हूँ—

उस शाम, मेरी तन्हाई की दुनिया में
एक रौशन दीये की तरह
क़्लारा ने क्लेरिनेट पर
अपनी पसन्दीदा धुनें बजाईं
फिर मैंने इन धुनों को
सिसकियों में बदलते सुना
सिसकियों के बीच ही, अचानक
अपना यंत्र मुझे सौंप कर
हल्के क़दमों से क्लारा मेरे
कमरे से बाहर चली गई

सच मानिए, उस शाम के बाद
मैंने, कभी, किसी को
शहर के पार्क या चर्च वाटिका में
क्लेरिनेट पर
कोई धुन बजाते
नहीं सुना!

उसने कहा

उसने कहा—आसमान देखो
मैंने आसमान देखा
उसने कहा—ज़मीन देखो
मैंने ज़मीन देखी
उसने कहा—चाँद देखो, सितारे देखो
मैंने चाँद देखा, सितारे देखे
उसने पेड़-पौधे, पहाड़
नदी, समुद्र देखने कहा
वफ़ादार सेवक की तरह
मैंने वो सब देखा
जो उसने कहा
फिर, अचानक, उसने कहा—
अपनी आँखें बन्द कर लो
मैंने वैसा ही किया

अन्त में, उसने कहा—
अपनी आँखें खोलो, सामने देखो
मैंने कहा मानकर उसका
अपनी धुन्धलायी, वीरान और
थकी-थकी आँखें खोलीं

(हालाँकि मुझे इसमें
ख़ासी मशक़्क़त पेश आई)

किसी तरह, मैंने देखा—मेरे सामने
काले, रेतीले टीले पर सजा है
एक ख़ुशनुमा सलीब
जिसकी आतुर बाँहें
मेरी ओर फैली हैं!

रात ठहर गई है

कुहासा सामान्य से
कुछ ज़्यादा घना है
इसीलिए शायद मैं ठीक-ठीक
देख नहीं पाया कि
ऊँचे क़द वाली वो स्त्रियाँ
पाँच थीं या सात

इतना ज़रूर मैंने देखा
कि लिबास उन्होंने
आदिम जातियों जैसे
पारदर्शी पहन रखे हैं
चेहरे ख़ौफ़ज़दा हैं उनके, हालाँकि
उन्हें ढँक रखा है, उन स्त्रियों ने
आँखें फिर भी साफ़
दिख रही हैं उनकी
यह कहने को शायद कि
तलाश है उन्हें
सदियों से अपने किसी
खोए हमसफ़र की

कुहासा कुछ फटा, तीसरे पहर
और सड़क के दोनों किनारे

ख़ामोश खड़े ऊँचे पेड़ों की शाख़ें
नज़र आने लगीं तो
मैंने उन्हें उस तीन चेहरे वाले
लैम्प-पोस्ट की ओर जाते देखा
लिबास उनके वही हैं
आदिम जातियों जैसे खुले
पूरी तरह पारदर्शी
और चेहरे
सम्भ्रान्त स्त्रियों जैसे ढँके
लेकिन, आँखें उनकी इस बार
दूर से ही
गीली दिख रही हैं

मैंने सुना, दूर किसी टावर से
मुनादी हो रही है—
कुछ स्त्रियाँ बीती रात
फ़ौजी शिविर से
भाग निकली हैं, जिन पर
मुल्क-दुश्मनी के संगीन इलज़ाम हैं
सरदार ने सैनिकों को
हुक्म दे दिया है
देखते ही
गोली मार दी जाए
उन्हें—

रात ठहर गई है, शायद
कुहासा कुछ और
घना हो गया है, शायद!

कुछ ज़्यादा ही

अचानक मुझे ख़याल आया
कुछ ज़्यादा ही ज़ईफ़ हो गए हैं बाबा
आँखों ने देखने से मना कर दिया है
चाय का प्याला थामते वक़्त
उँगलियाँ उनकी काँपने लगी हैं
अज़ान की आवाज़ें उनके कानों तक
पहले-जैसी आसानी से नहीं पहुँचतीं
बरामदे में रखी बेंत वाली
बरसों पुरानी कुर्सी पर बैठने
या पीठ के बल टिक जाने में उन्हें
किसी सहारे की ज़रूरत
महसूस होने लगी है

पार्क में टहलने जाना भी
बन्द ही कर दिया है उन्होंने
ईद हो या मुहर्रम उनके चेहरे पर
एक-जैसे भाव रेंगने लगे हैं
सिरहाने खड़ा कमज़ोर-सा
किताबों का पुराना शेल्फ़
उनकी काया की तरह
हल्का-सा एक ओर झुक गया है

अख़बारें पत्रिकाएँ आती हैं अब भी
लेकिन वो छूकर उन्हें
किनारे सरका देते हैं

दावतनामे पहुँचते हैं शादी के
जन्म-दिन के लेकिन वो
शरीक नहीं होते उनमें
इधर-उधर जाने से उनके
घर वालों को
असुविधा जो हो जाती है
मेहमान ख़ामोश हो जाते हैं
उनके जाते ही और जश्न
फीका-सा कुछ होने लगता है
बच्चे भूलकर धमाचौकड़ी अपनी
संजीदगी से एक कोने सिमट जाते हैं
अन्दर-बाहर उल्लास की लहरें
थम जाती हैं
सन्नाटा पसरने लगता है माहौल में
मेज़ पर रखा ख़ूबसूरत केक
अपनी ताज़गी खोने लगता है
रंग-बिरंगी मोमबत्तियाँ
पिघलने लगती हैं
बच्चे बैलून अपने हाथों में लिये
उदास होकर देखने लगते हैं
एक-दूसरे का चेहरा

बाबा बुलाते हैं इशारे से किसी को
सहारा देकर उन्हें अन्दर वाले कमरे में
क़ायदे से रखे दीवान पर
लेटा देने को कहते हैं

दीवान पर लेटते ही
अपनी आँखें मूँद लेते हैं वो

आपको नहीं लगता
कुछ ज़्यादा ही
ज़ईफ़ हो गए हैं बाबा!

पता करो

तुमने देखा
इबादतख़ाने की दीवारों पर
ओस की चादर बिछ गई है
ताक़ पर सजे चिरागों की लौ
मन्द पड़ गई है
दरवाज़े-खिड़कियों पर
मकड़ी के बदरंग जाले
पसर गए हैं
आसमान में सितारों के झुंड
निस्तेज हो गए हैं
चाँद का हमेशा
खिला रहने वाला चेहरा
मुरझा गया है

पता करो, कहीं
इनसानों की इस वीरान बस्ती से
तुम्हारा ख़ुदा
हमेशा हमेशा के लिए
रूठ तो नहीं गया!

कबूतर लौट आए हैं

जहाँ उस दिन
तुम्हारे शहर की उन
ख़ूबसूरत शाहराहों पर
लहू की बारिशों के दरमियाँ
शिकस्ता रूह की परछाइयाँ
उभरी थीं, डूबी थीं
जहाँ बारूद के बादल
तिलिस्मी शामियाना बन के
छाए थे फ़िज़ाओं पर
जहाँ लाशों पे लाशें थीं
ख़ुदाई क़हर बनकर
ग़ोल उतरा था बलाओं का
जहाँ चीख़ें थीं माँओं की, कराहें थीं
जहाँ मासूम बच्चे जाँ-ब-लब थे
जहाँ रहम-व-करम के आसमानी सब दरीचे
बन्द-जैसे हो गए थे
जहाँ आब-व-हवा में ज़हर फैला था
जहाँ बस मौत साँसें ले रही थी

वहीं, बिलकुल वहीं
तुम्हारे शहर की

उन ख़ूबसूरत शाहराहों पर
(जहाँ गुम्बद हैं, तारीखी)
वहीं एक दिन
तुम्हारे शहर के
ज़ख़्मी कबूतर लौट आएँगे

कबूतर लौट आए हैं!

फ़रमान

मेरे फ़रमाँरवा[1] ने
हुक्म सादिर[2] कर दिया है

मेरी सरहद में रहनेवाले
हर शहरी को अब
आँखों पे पट्टी बाँधनी होगी
लबों पे आहनी[3] ताले
कलाई में कड़ी
पैरों में बेड़ी डालनी होगी
उसूलों पर मेरे
चलना ही होगा
मेरी सरहद में अब
स्कूल कॉलेज मदरसे सब
इशारों पर मेरे सजदा करेंगे
मेरे खेतों में खलिहानों में अब
नफ़रत की फ़सलें ही उगेंगी
जहाँ कुछ सोचने वाले
निकम्मे लोग रहते हैं
वहाँ अब

---

1. **फ़रमाँरवा**—बादशाह; 2. **सादिर**—जारी करना; 3. **आहनी**—लोहे का।

मौत के टीले उगेंगे
जहाँ बच्चे हैं माँएँ हैं
वहाँ क़ब्रें सजेंगी
संगमरमर की
प्लेटें नस्ब[1] होंगी

मेरे फ़रमाँरवा ने
हुक्म सादिर कर दिया है

मेरी सरहद के बाशिंदे
ग़ुलामों की तरह आज़ाद होंगे
उन्हें इस सल्तनत में अब
दुखी होने का
कोई हक़ नहीं है!

---

1. **नस्ब**—गाड़ना।

हुक्मरानी

जहाँ आकर
सत्ता के राजमार्ग
अजनबी सीमाओं में
सिमट जाते हैं, और
जहाँ सियासत की धुन्ध के आगे
इन राजमार्गों का विस्तार
अपने हथियार डाल देता है
आज की तारीख़ में
बस, उसी मुक़ाम पर खड़ा हूँ मैं

मेरी नज़रों के सामने
चारों तरफ़ जो
साफ़-शफ़्फ़ाफ़ मार्गों और
गलियारों पर कोलतारी जाल बिछे हैं
आज, उन पर रेत की
मोटी परतें पड़ी हैं
कोई तूफ़ान नहीं गुज़रा इस होकर
न कोई आँधी चली है
आज, इस रास्ते
लेकिन रेत के बगूले
साफ़-शफ़्फ़ाफ़ रास्तों पर

ज़हरीली फ़िज़ा बनकर
छा गए हैं

रास्तों के दोनों किनारे, सिलसिलेवार
नियमबद्ध अनुशासित सभ्य और
वफ़ादार अमले खड़े हैं
सतर्क सावधान और चौकस
जिनकी आँखें ज़मीन पर हैं
न आसमान पर
एक काल्पनिक बिन्दु है
ज़मीन और आसमान से परे
अन्तरिक्ष की गुमनाम तहों में
जहाँ अन्देशों से घिरे इन अमलों की
नज़रें टिकी हैं

दूर कहीं
सफ़ेद-स्याह घोड़ों की टापें
रेत-भरी ज़मीन के सीने पर
मूसलाधार बरस रही हैं
लाल-सुर्ख़ लिबास से ढँके जिस्म
इन घोड़ों पर सवार हैं
जिनके हाथों में लगामें नहीं
तेज़ नुकीली बरछियाँ हैं

ये घोड़े अपनी
अनुशासित टापों से फ़िज़ा में
संगीत की धुनें
बिखेर रहे हैं

पीछे–पीछे
आहिस्ता–आहिस्ता
सरकती हुई ख़ूबसूरत गाड़ियाँ हैं
जिनके माथे पर सत्ता के चिराग़ रौशन हैं
सत्ता के चिराग़!

अभी–अभी
इन रेतीले रास्तों से होकर
एक शाही सवारी गुज़री है
राष्ट्रीय धुनों के बीच
रंग–बिरंगे लिबास में सजे
रौबीले जवान क़तारबन्द
शाही सवारी के सम्मान में खड़े हैं
उनके कन्धे तमग़ों से, और
हाथ संगीनों से सजे हैं

दो अन्य 'सत्ता–प्रभुओं' के साथ
ये सवारी एक मज़बूत किले की
राहदारियों से होकर
उस बड़े वेश्म में पहुँचती है
जिसे 'दस्तूरी' भाषा में
'प्रतिनिधि–सभा' कहते हैं

रेत से पटे रास्ते
घोड़ों की टापें
जवानों की संगीनें
कन्धों पर सजे तमग़े
हाथों की बरछियाँ
सब के सब

पीछे छूट गए हैं
सिर्फ़ शाही सवारी, और
दो 'सत्ता-प्रभु'
प्रतिनिधि-सभा में
प्रवेश कर रहे हैं

राष्ट्रीय धुनें
दोबारा बजती हैं
सभा में मान-सम्मान की
आदर्श फ़िज़ा क़ायम है
माहौल में
सपनों के महल
खड़े हो रहे हैं
सपनों के महल
जिनमें उम्मीदों के बेशुमार
दरीचे खुले हैं

ऊपर
सभा की ऊँची अटारी पर
सैकड़ों आँखें
सपनों के इस महल
और इसमें खुलने वाले
उम्मीदों के दरीचों की
ज़िन्दा गवाही दे रही हैं
क़लम उनकी वफ़ादारी
का सबूत है
क़लम, जो सत्ता के
बदलते मिज़ाज का
संकेत नहीं, दिशा-सूचक है

सपनों के इस
तिलिस्मी महल से
निकलने की घड़ी
आ गई है
दरीचों से होकर
सभा तक पहुँचने वाली
सुगन्धित हवाओं की रफ़्तार
हलकी पड़ गई है
मौसम की तीखी आहटें
शंखनाद कर रही हैं
कानों में पड़ने वाली
घोड़ों की टापें
मुख्य मार्गों से गुज़र कर
लौट रही हैं
साफ़-शफ़्फ़ाफ़
कोलतारी रास्तों पर बिछे
रेत के कण
मौसम बदलने का
पता दे रहे हैं

मैं वहीं
उसी मुक़ाम पर
खड़ा हूँ
मेरी नज़रों के आगे
ख़ामोशी से खड़े हैं
दो ऊँचे पामट्री
जिनके पौधे मैंने
हरी-भरी घास से ढँकी
इस ज़मीन पर
बरसों पहले लगाये थे

इस उम्मीद से
कि एक दिन ये पौधे
बड़े होकर
इन साफ़-शफ़्फ़ाफ़ और
खुले रास्तों की
निगरानी करेंगे

उन रास्तों की निगरानी, जहाँ
जम्हूरियत के चिराग़ जलते हैं, और
ग़ैर-बराबरी की हुक्मरानी चलती है
ग़ैर-बराबरी की हुक्मरानी!

ओक में बूँदें

मुमकिन है
पत्तियों से छनकर
गिरने वाली
बर्फ़ीली बूँदों को
अपनी हथेलियों में
समेटते देख
लोगबाग
मेरी मासूमियत पर
हँस पड़ें

और मैं भी
अपनी हथेलियों के
बंजर तल को देख कर
झेंप उठूँ

लेकिन
ज़रूरी नहीं
कि सिर्फ़ लोगबाग
के हँस पड़ने
या मेरे झेंप उठने पर
पत्तियों के झरने से

बर्फ़ीली बूँदों का
टपकना
और मेरी हथेलियों के
बंजर तल में
सिमट आना
रुक जाए
रुक ही जाए!

कितने अकेले थे वो

कितने अकेले थे वो
जिन्होंने गँवाई अपनी जान
किसी सड़क, किसी पुल, या
अपने ही घर की दहलीज़ पर
जानते थे वो
मौत उनके रास्ते खड़ी है
अनजान दुश्मनों की तरह नहीं
पहचाने चेहरों की तरह

पता था उन्हें
कितनी बची है, उनकी ज़िन्दगी
थम जाने वाली है
कुछ ही लम्हों में
उनकी साँसों की गति
और ख़ून में लथपथ वो
गिर जाने वाले हैं
उसी ज़मीन पर, जहाँ
गीत गाए थे उन्होंने, बरसों
मुहब्बत इंसाफ़ और बराबरी के

बेशक, जानते थे वो
उनकी सलीब
बीच रास्ते गड़ी है
और मौत
उन्हें गले लगाने को
कब से तैयार खड़ी है

बिलकुल, पता था उन्हें
ये सब होने ही वाला है
कोई एहतियात, लेकिन
नहीं बरती उन्होंने
मुस्कुराते रहे, और गोलियाँ खाईं
किसी और की नहीं, अपनों की

कितने अकेले थे वो
जो मारे गए
किसी सड़क, किसी पुल, या
अपने ही घर की
सुनसान दहलीज़ पर!

ताप

एक दिन
थककर, भूल जाएँगे
वो, आसमानी तरंगों पर
अपनी पसन्द दर्शाना
एक दिन
उनके पाँव
हवाओं पर तैरने से
मना कर देंगे
एक दिन
कोई कमज़ोर आवाज़
उनके दावों का
रहस्य खोल देगी
एक दिन
उनकी भुजाओं का तिलिस्म
बादलों में खो जाएगा

देखना, एक दिन
उनके शब्द अपनी
छटा खो देंगे, और
उनके उद्घोष
समय के ताप से

मोम की भाँति
पिघल जाएँगे

तुम, बस, अपना हौसला
बनाये रखना, हरगिज़
इन्हें टूटने मत देना!

हे केशव

हे केशव, मुझे याद है
तुमने कहा था, कई बार
तुम आओगे, फिर-फिर
आओगे, जब धरती
असत्य से भर जाएगी
और सच्चों के लिए
जीना मुहाल हो जाएगा
जब दिन के उजाले, और
रात के अँधेरे का फ़र्क़
मिट जाएगा
जब पुनीत
आत्माओं के शिविर को
आग की लपटें घेर लेंगी
केशव, तुम आओगे
तुमने कहा था, कई बार कहा था
तुम आओगे

कितना-कुछ हो गया, केशव
हमारी इस धरती पर
हम देखते रहे, टेढ़े-मेढ़े रास्तों पर
अपनी आँखें टिकाये

जहाँ से
तुम्हारा रथ आने को था

केशव, कहीं हमारी तरह
तुम्हारा सूचना-तंत्र भी
धरती के प्रति
उदासीन तो नहीं हो गया है
केशव?

बूँदें

पानी जब तक
तुम्हारी आँखों में है
तुम्हारा शुमार
हमारी साँसों में है

एक दिन ये पानी
उतर जाएगा तुम्हारी आँखों से,
और तुम हमारी साँसों से
बाहर होकर
शून्य में बिखर जाओगे
उन पत्तों की तरह
जो उदास मौसमों में
हर दिन
मेरे आँगन की
बलुआही ज़मीन पर
गिरते रहते हैं, और
हवा का कोई कमज़ोर झोंका भी
जिन्हें उड़ा ले जाता है

पानी की बूँदें
जो चमकती हैं आज

तुम्हारी आँखों में
खोकर अपनी पहचान
एक दिन
उतर जाएँगी तुम्हारी आँखों से!

कैसे मुमकिन है

कैसे मुमकिन है कि
मेघ एकबारगी छँट जाएँ
या एकदम से
टूट कर बरस जाएँ
मूसलाधार बारिश का पानी
सैलाब में
तब्दील हो जाए

और थोड़े-से
पुख़्ता मकानों को छोड़कर
गाँव के बेशतर
कमज़ोर नींव के ढाँचे
ज़मींदोज़ हो जाएँ
फ़सलें मुरझा जाएँ
और
रेतीली ज़मीन पर
पसरी आबादियाँ
मौत की नींद सो जाएँ

कैसे मुमकिन है कि
चूड़ियाँ दरक जाएँ

माँग सूनी पड़ जाए
कोख उजड़ जाए
आशाओं की सेज पर उगी
सब्ज़ कोंपलें
सूख-सूखकर
बिखर जाएँ, और
धरती पर
चारों ओर
अँधेरे का शामियाना
तन जाए

कैसे मुमकिन है कि
ये सब हो जाए
और सूरज
अपनी रौशन आँखें
बन्द किये
आकाश की ऊँचाइयों में
या क्षितिज पर
ख़ामोश बैठा
अँधेरे से
ठिठोलियाँ करता रहे

कैसे मुमकिन है
बोलो
ये सब
कैसे मुमकिन है!

मछुआरों को पता है

मछुआरों को पता है
समुद्र में
कब आएगा तूफ़ान
कब आएगी लहरों में उछाल
कितनी ऊँची उठेंगी लहरें
कितनी दूर भीगेगी रेत
तहस-नहस होंगे किनारे
मछुआरों को पता है, सब

जाल में फँसी मछलियों ने
बता दिया है उन्हें, सब-कुछ
ख़तरों से
आगाह कर दिया है, उन्हें

मछुआरे नहीं बेचते हैं
अपना नमक
हमेशा ख़याल रखते हैं
अपने 'शुभ-चिन्तकों' का

तभी तो
समुद्री तूफ़ान से पहले

मछुआरे
ढीले कर देते हैं, अपने जाल
और मछलियों को
दे देते हैं
समुद्र में लौटने की छूट!

मेरे गाँव की ज़मीन

आज सुबह, आसमान
मेरे गाँव की
ज़मीन की तरह दिखा

जैसे, मेरे गाँव की ज़मीन
दरारों से पट गई है
वैसे ही
आसमान की सतह
खाइयों में बँट गई है

मैंने नज़रें दौड़ाकर
खाइयों के बीच
बादलों को
ढूँढ़ने की कोशिश की
मुश्किल से
किसी खाई में मुझे
बादलों का एक कुनबा
क़फ़न ओढ़े, स्याह ताबूत में
लेटा दिखा

आज सुबह, दरारों से पटी
मेरे गाँव की ज़मीन
अथाह शोक में डूबी
मातम करती दिखी!

भरोसे की चमक

कुछ सितारे
आसमान में चमकते हैं
कुछ ज़मीन पर
उनके दरमियान, कभी
स्पर्द्धा और तकरार
की सूरत भी बनती है
कभी ये तकरार
हिंसक रूप भी लेती है

ऐसा होने पर
आसमान और ज़मीन
के ख़ुदा मिलकर
उनके बीच
सुलह की कोशिश करते हैं
वो दोस्ती के लहजे में
उन्हें समझाते हैं—

'हमें देखो, हम कैसे
अपनी सीमाओं में रहते हैं
कभी आपस में
तकरार नहीं करते'

सितारे ख़ुदाओं की
बात पर अमल करते हैं
उनके चेहरे पर
भरोसे की चमक
फैल जाती है!

अपमान

उन्हें दुष्टात्मा कहना सही नहीं
वो निर्मल आत्माओं को
आहत ही तो करते हैं
अपने शब्दबाण से सहिष्णु प्राणियों को
लहूलुहान ही तो करते हैं

उन्हें सच को झूठ बनाने में महारत है
और सफ़ेद को स्याह
वो रात की तारीकी में, और, कभी-कभी
दिन के उजाले में भी
किसी चतुर शिकारी की तरह
न्याय की बिसात पर
अपने पासे फेंककर
मुस्कुराने के आदी हैं

उनकी जेबें पक्ष-विपक्ष के समर्थन में
दस्तावेज़ी सबूतों से लैस होती हैं
समय-समय पर, वो इन सबूतों को
आगे-पीछे, बायें-दायें
करने की कला में पारंगत हैं

सुविधा के सभी दरवाज़े उनके लिए
हमेशा खुले रहते हैं

वो एक हुनरमन्द, ज्ञानवान बौद्धिक हैं
आस्तिक-नास्तिक, सभी
उनके आगे झुकते हैं
हर दिन, एक नई रोचक व्याख्या के साथ
वो बौद्धिक जगत को भरमाते रहते हैं
उनके कहे-अनकहे का
बुरा नहीं मानते लोग

कभी-कभी, वो चिंघाड़ते भी हैं
चिंघाड़ते वक़्त, उनकी आँखों में
उतर आता है ख़ून
जिसे वो सामने वाले को
आतंकित करने के लिए
छोड़ देते हैं, यूँही
उनकी आँखों में तब
नहीं होती हैं, पानी की बूँदें

मैं जानता हूँ
वो सर-से-पा
नफ़रत और आग की मूरत हैं
मगर उन्हें दुष्टात्मा कहना
दुष्टात्माओं का अपमान है!

जारी रहती है बहस

बहस जारी है और
बहस में शामिल लोगों का ध्यान
विषय पर केन्द्रित है
जिक्र करना इस बात का ज़रूरी है
क्योंकि
कभी-कभी (बल्कि ज्यादातर ही)
बहसें भटक जाती हैं अपने विषय से
जब होता है ऐसा तो
किसी निष्कर्ष को नहीं पहुँचती हैं बहसें
बीच में ही नदी की लहरों की तरह
एक-दूसरे से मिलकर खो जाती हैं बहसें
ऐसे में बहस शुरू करने वालों को
याद दिलाना ज़रूरी हो जाता है
बहस का प्रस्थान-बिन्दु क्या है

जिन बहसों में होता है कोई सूत्रधार
ये काम उसी के ज़िम्मे रहता है
कभी-कभी ऐसी भी होती हैं बहसें
जिनमें सूत्रधार नहीं होते
तब कोई याद नहीं दिला पाता किसी को
किस बात को लेकर शुरू हुई थी ये बहस

बहसें अच्छी होती हैं बहसें बुरी होती हैं
बहसें अच्छी-बुरी दोनों होती हैं
सिर्फ़ अच्छी या सिर्फ़ बुरी होती हैं बहसें
तब अच्छी नहीं लगती हैं बहसें

बहसें सच होती हैं बहसें झूठ होती हैं
बहसें सच और झूठ दोनों होती हैं
दोनों होने पर ही अच्छी लगती हैं बहसें
सभ्य होती हैं बहसें असभ्य होती हैं
सभ्य-असभ्य दोनों होती हैं बहसें
(ऐसा मगर बिरले होता है)
ज्यादातर बहसें या तो सभ्य होती हैं या असभ्य
मुझे याद है एक बार बीच बहस में
किसी संवेदी आदमी ने सभ्य और असभ्य बहसों को
मिला देने की कोशिश की तो दंगे की सूरत बन गई
मामले को तब शान्त करने के लिए
पुलिस को दख़ल देना पड़ा
तब से बहसें
सभ्य होती हैं या एकदम से असभ्य

बाज़ बहसें ख़ूबसूरत होती हैं
पोर-पोर से जिनके दिलकश नग़मे फूटते हैं
उन बहसों में शरीक लोग झूमझूम उठते हैं और
बहस-कक्ष का माहौल एकदम से रंगीन हो जाता है
ऐसी बहसें सुरक्षित हो जाती हैं तारीख़ की किताबों में
मिटाने पर भी नहीं मिटतीं

बहसें बदरूप भी होती हैं
जिनके सिर-पैर नहीं होते
सच से जिनके रिश्ते नहीं होते

ऐसी बहसें लम्बी होती हैं
हफ़्तों बल्कि महीनों चलती रहती हैं
रोके नहीं रुकती हैं ये बहसें

बहसें जीवन्त होती हैं
तथ्यों और आँकड़ों से भरी होती हैं
अकाट्य होती हैं बहसें
इन बहसों में पक्ष होता है या सिर्फ़ विपक्ष
दूरियाँ बनाये रखते हैं इन बहसों में पक्ष और विपक्ष
किसी एक बिन्दु पर मिलते नहीं हैं दोनों

बहसें गर्म होती हैं नर्म भी होती हैं बहसें
एक साथ गर्म और नर्म दोनों भी हो सकती हैं बहसें
गर्म होने पर
चढ़ जाता है बहस-कक्ष का ताप
हालात कभी-कभी संगीन भी हो जाते हैं
ऊँची होती हैं बहसें नीची होती हैं
बहसें ऊँची-नीची दोनों हो सकती हैं
दिलचस्प बात यह है कि ऊँची बहसों में शामिल लोग
अक्सर 'नीच' बताए जाते हैं
मगर नीची बहसों में लीन व्यक्ति
'कुलीन' कहे जाते हैं
उनकी मेज़ें बहस के दौरान अलग-अलग होती हैं
एक साथ वो चाहकर भी नहीं बैठ पाते

बहसें बौद्धिक होती हैं
आध्यात्मिक भी होती हैं बहसें
तार्किक-अतार्किक दोनों होती हैं बहसें
बहसें साहित्यिक होती हैं और सांस्कृतिक
बहसें बड़े लोगों की होती हैं और छोटे लोगों की भी

बहसें बड़ों की हों तो अक्सर याद की जाती हैं माँ-बहनें
छोटों की बहस में मामूली रिश्ते ही याद आते हैं
माँ-बहनें और बेटियाँ आम तौर से
छोटों की बहस से बाहर रहती हैं

बहसें बोलती हैं बहसें ख़ामोश रहती हैं
ख़ास-ख़ास लोग ही बहसों में बोलते हैं
लगातार बोलते हैं
बाक़ी सब ख़ामोश रहते हैं
बिलकुल ख़ामोश नहीं रहते शायद वो भी
आत्म-संवाद करते हैं
सुनाई नहीं देता यह आत्म-संवाद बहस-कक्ष में
बहस-कक्ष दरअसल बोलने वालों की जगह है
आत्म-संवाद करने वालों की नहीं

बहसें आकाश में होती हैं
पाताल में होती हैं बहसें
आकाश में देवताओं के बीच होती हैं बहसें
जबकि पाताल में राक्षसों के बीच
देवता कभी-कभी
नीरस आकाशी जीवन से ऊबकर
नीचे धरती पर चले आते हैं
राक्षस भी उन्माद में कभी-कभी पाताल से
किसी टापू पर या धरती के किसी खड्ड में
उभर आते हैं
ऐसे में छिड़ जाता है देवताओं और राक्षसों के बीच
एक द्वन्द्व-युद्ध
आप सोचेंगे इस द्वन्द्व-युद्ध में
जीत होगी देवताओं की
(काश, सच होता आपका यह भ्रम)

जीत इस युद्ध में दरअसल
राक्षसों की, केवल राक्षसों की होती है
ढकेल दिये जाते हैं देवता
समुद्र की गहराइयों में आहत और निष्प्राण
अट्टहास करते हैं राक्षस अपनी जीत पर
जश्न मनाते हैं राक्षस
कितनी सदियाँ बीत जाती हैं देवताओं को
आत्मा के घाव भरने में

अन्तरिक्ष में भी होती है बहसें
जिनके विषय और होते हैं
क्या बोले हमारी सफलता पर राष्ट्रपति और प्रधानमंत्री
अन्तरिक्ष-यान की निगरानी कर रहे प्रतिद्वन्द्वी विज्ञानियों ने
स्क्रीन पर विजय-दृश्य देख व्यक्त कीं जो प्रतिक्रियाएँ
अन्तरिक्ष की बहसों में शामिल नहीं हो पातीं
बाहर रह जाती हैं बहसों से ये बातें

बहसें अस्पतालों में होती हैं पागलख़ाने में होती हैं बहसें
क़ब्रिस्तानों में होती हैं बहसें और घाट पर भी
किस करवट लिटाया जाये मुर्दे को
कितनी रक़म दी जाये लुकाठी देने वाले को

(लुकाठी पर याद आया)
बहसें आग पर होती हैं
आग की लुकाठी पर होती हैं बहसें
कैसे झुलसा दिया जाए
जाने-पहचाने आबाद घरों को
जवान खेतों में उगी फ़सलों को
आग की भेंट चढ़ा देने पर होती हैं बहसें

बहसें होती हैं नदियों पर भाप पर
बादलों पर भी होती हैं बहसें
किसानों पर उनकी
आत्म-हत्याओं पर होती हैं बहसें
बहसें होती हैं ग़रीबी पर ग़रीबी-रेखा पर
पूँजी-निवेश पर होती हैं बहसें
देश पर होती हैं बहसें विदेश पर होती हैं
और भी कई विषयों पर होती हैं बहसें

बहस-कक्ष में आज मगर
बहस के केन्द्र में है जो विषय
वो इतना-भर है
बहस किस बात पर हो
और क्यों?

तारीख़ की मौत

मेरी उँगलियाँ तारीख़ की नब्ज़ पर हैं
और मैं
बेजान आँखों से
वो सब देख रहा हूँ
जो इस अजनबी शहर पर
बीत रही है

कहीं कोई चीख़, कोई कराह नहीं
सिर्फ़ दीवारों से लगी लाशें हैं
जिनके सिर ग़ायब हैं
या फिर कहीं
ऐसे सिरों का हुजूम है
जिनके धड़ नहीं हैं

और शहर के बीच स्थित फ़व्वारे से
रह–रहकर
मुर्दा आदमियों का ज़िन्दा ख़ून
उबल रहा है

शहर दीवारों से घिरा है
दीवारें पहले से ज़्यादा ऊँची हैं

और उन पर लगे काँटेदार तार
पहले से ज़्यादा नुकीले हैं

शहर ख़ामोश है
सिर्फ़ चारों तरफ़
मौत की बू
फैल गई है
और तारीख़ की नब्ज़ पर टिकी
मेरी उँगलियाँ
ढीली पड़ रही हैं

सारा शहर लाशों से पटा है
कहीं कोई हरकत, कोई ज़िन्दगी नहीं
सिर्फ़ कुछ सफ़ेदपोश
अपने माथे पर विजय-तिलक किये
अपने सीने पर
रंग-बिरंगे तमग़े सजाये
शहर के चोर दरवाज़ों से
बाहर जा रहे हैं

मेरी उँगलियाँ तारीख़ की नब्ज़ पर हैं
लेकिन तारीख़ की नब्ज़
डूब चली है

अजनबी शहर
मेरी उँगलियाँ
तारीख़ की नब्ज़!

असलियत

सब कुछ पलक झपकते ही हुआ था
और कोई नहीं जान सका था
कि असलियत क्या है
क्योंकि शाम की स्याही
चारों तरफ़ फैल गई थी
और लोगों ने दरवाज़े भी
अपने-अपने घरों के
बन्द कर रखे थे

ठीक ही है
उचक्कों का क्या भरोसा
कब अन्दर घुस आएँ
और आपके सीने पर संगीनें तान कर
अपनी 'जय' बोलने को कहें

लेकिन अभी-अभी जो
पलक झपकते हुआ
वह क्या था
कौन थे वो जो बड़ी-बड़ी
ख़ूबसूरत गाड़ियों में बैठकर आए थे
और उस नौजवान की तरफ़ देखकर

‘बाग़ी-बाग़ी’ चिल्ला रहे थे
और कौन थे वो जिन्होंने अपनी तलवारें
उस नौजवान के सीने में
उतार दी थीं?

आख़िर उस नौजवान ने
अपनी जोशीली आवाज़ में
यही तो कहा था न कि
नहीं चाहिए हमें वो तरक़्क़ी
जो महज़ अख़बार की
सुर्ख़ियों पर पल रही है

लेकिन सब कुछ
पलक झपकते ही हुआ था
और कोई नहीं जान सका था
कि असलियत क्या है!

रूपकँवर

पोथियों के समुंदर में
ख़ामोशी से उग आये
क़ानून के टीलों और
सुनहरी दीवारों की ऊँचाइयों पर
बैठे लोगो

क्या तुमने
विश्वास के बदरूप चेहरे पर
ख़ून से लिखी यह कथा पढ़ी है
क्या तुमने
उस औरत की व्यथा पढ़ी है
जो कोलाहल में
एहसास की बर्फ़ीली ज़मीन पर
आग में तपे
अपने पैरों के नक़्श छोड़ती
अभी-अभी
साये की तरह
आगे बढ़ी है

और जो कोलाहल में
बर्फ़ की चिंगारियों से

अपनी माँग भरती
अभी-अभी
मौत की वेदी चढ़ी है

बोलो
क्या तुमने यह कथा पढ़ी है?

अबाबील

तुम मुझे पसन्द हो
अबाबील
क्योंकि तुम
इनसानी ख़ाबों की तरह
कभी ज़मीन पर नहीं उतरतीं

बस थोड़ी देर
पेड़ की टहनियों
या
छत की मुँडेरों पर
रुकती हो
फिर उड़ जाती हो
उड़ती चली जाती हो

अबाबील
पेड़ की टहनियाँ और
छत की मुँडेरें
ख़ला में परवाज़ करते
तुम्हारे झुंड को

हसरत-भरी निगाहों से
देखती रहती हैं

पेड़ की टहनियों
और छत की मुँडेरों पर
उगनेवाली हसरतें
रेज़ा-रेज़ा
ज़मीन पर
बिखरती रहती हैं

उस ज़मीन पर
अबाबील
जहाँ तुम्हारे झुंड
नहीं उतरते
और जहाँ
हमारे जैसे ख़ाना-ख़राब[1]
अपनी आब्ला-पाई[2] का
नौहा पढ़ते होते हैं

इसीलिए,
अबाबील
तुम मुझे पसन्द हो!

1. **ख़ाना-ख़राब**—बदहाल; 2. **आब्ला-पाई**—ज़ख़्मी पाँव।

जलाशय

किसी को मालूम नहीं
जल-देवताओं को भी नहीं
कि मेरे गाँव में दूर-दूर तक फैले
घने दरख़्तों के उस पार
जो जलाशय है
वो कब और कैसे वजूद में आया

किंवदंतियाँ कहती हैं
—किंवदंतियों पर हालाँकि
मेरा विश्वास नहीं—
कि मेरे गाँव किसी अनजान मौसम
आँसुओं की एक बाढ़-सी आई थी
आकर ठहर गई थी

लेकिन ये हुआ था कब और कैसे
किसी को मालूम नहीं
जल-देवताओं को भी नहीं!

कसौटी

खेल-खेल में ही तुमने
कहा था मुझसे एक दिन—

चाहते हो तुम
भूल जाऊँ मैं ये सच्चाई
कि लोग जो झूठ की कसौटी पर
पूरे नहीं उतरते
पानी के आइने में
उभारी गई लकीरों की तरह
मिट जाते हैं

तारीख़ उन्हें अपने दामन में
सहेजकर रखने की ज़हमत नहीं उठाती

खेल-खेल में ही तुमने
कहा था मुझसे, कभी!

बीती रात

सुबह वो जल्दी में थी
उसने कहा, उसे चर्च जाना है
रोकना उसे मुनासिब नहीं समझा मैंने

कब नहा–धोकर तैयार हुई कब उसने कपड़े पहने
मुझे नहीं मालूम
बस जाते वक़्त गरमजोशी से ख़ुदा हाफ़िज़ कहा
और मेरी पेशानी के बोसे लिये
मैंने देखा
वो रात से भी ज़्यादा ख़ूबसूरत लग रही है

बीती रात यक़ीनन वो मेरे पास रही
सोने से पहले उसने प्रार्थना की
अल्फ़ाज़ उसके होंठों से अदा हुए
मुझे सुनाई नहीं दिये
प्रार्थना के शब्द अपनी मासूमियत के साथ
मौजूद थे उसके होंठों पर
जब उसने मेरे होंठ चूमे और मेरी हथेलियाँ भी
देर तक फेरती रही मेरी बन्द आँखों पर अपनी उँगलियाँ
मेरे उलझे बाल सुलझाती रही
गाल के ऊपरी हिस्से पर जहाँ दर्द कुछ इस तरह बैठा है

कि मुझे एक पल का चैन नहीं
वो हल्के-हल्के अपनी उँगलियों से मरहम लगाती रही

रात उसने जो कपड़े पहन रखे थे
वो मुझे रंगों की उसकी पसन्द बताते हैं
सोते वक़्त भी मैंने देखा
उसके कपड़ों में सिलवटें नहीं हैं
हालाँकि कई बार ऐसा हुआ कि पैरों के हिस्से उसके
कपड़ों के घेरे से बाहर आ गए
मैंने महसूस किया नींद में भी
कैसे जागती है उसके बदन की आभा

सुबह उसे जाना है चर्च, रात ही कहा था उसने
चाय शायद ख़ुद ही बनानी पड़े मुझे
पर नहीं, उसने चाय बनाकर रख दी है
जाते-जाते कहा—जब तक मैं तैयार होता हूँ
वो लौट आएगी चर्च से

चर्च के दरवाज़े खुले हैं
लोगों का आना-जाना शुरू है
प्रेयर हॉल में कोने की अपनी पसन्दीदा जगह
सँभाल ली है उसने
प्रार्थना शुरू हो गई है
औरों की तरह उसकी आँखें भी श्रद्धा से बन्द हैं
हॉल में ख़ामोशी छा गई है
श्रद्धालुओं की साँसें महसूस की जा सकती हैं आसानी से

सिर्फ़ एक आवाज़ इस ख़ामोशी को तोड़ती है
इल्हामी किताब से पास्टर पढ़ रहे हैं कोई नई इबारत
ठहर-ठहर कर शब्दों के अर्थ समझाने की मुद्रा में

फिर उनने श्रद्धालुओं से कहा
एकान्त प्रार्थना के लिए इस तरफ़ आओ

ज़्यादा लोग नहीं गए उस तरफ़
जहाँ पास्टर ने संकेत किया है
पर वो ज़रूर उठकर गई उस ओर
एक बार उसने क्रॉस को लगाया है आँखों से
उसकी आँखें बन्द हैं होंठ खुले
आँखों से बूँदें टपक रही हैं
काँपते होंठों से उसने ख़ुदा को पुकारा है—

मेरे ख़ुदा तू जानता है
मेरा-उसका कोई रिश्ता नहीं
मेरा दिल मुझे मजबूर करता है ख़ुदा
बीती रात मैं फिर रही उसके पास
शायद आज भी रहूँ शायद कल भी
उसे मेरी ज़रूरत है मेरे ख़ुदा
तन्हाई मुझे बेचैन करती है उसकी

मैं अपने आँसू तुझे सौंपती हूँ मेरे ख़ुदा
इन आँसुओं में छिपी है
मेरे-उसके रिश्तों की सच्चाई
इससे ज़्यादा मैं क्या कहूँ मेरे ख़ुदा
तू सब कुछ जानता है
मेरे-उसके बीच जो भी है
उसकी रक्षा करना
उस पर ही टिकी हैं मेरी साँसें
और उसकी भी, मेरे ख़ुदा!

उँगलियों की मुहर

मेरे बिस्तर के
ठीक सामने वाली दीवार पर
प्लाईवुड से बनी अलमारी
मेरे पहने-अनपहने
कपड़ों से भरी है
इनमें कई रंगों के
सूती, सिल्क और ऊनी
कपड़े क़रीने से रखे हैं
कुछ कपड़े हैं, जिन्हें मैं
शौक़ से बराबर पहनता हूँ
कुछ ऐसे भी हैं
जिन्हें, बस कभी-कभार

इनमें कुरते हैं, पाजामे हैं
बंडियाँ हैं, कुछ सूती, कुछ ऊनी
कुछ स्वेटर हैं, खुले और बन्द गलों के
एक गर्म नाइटगाउन भी है, बरसों पुराना
जो मैंने, नौकरी के पहले साल, कभी
नैनीताल में ख़रीदा था

कुछ ऊनी चादरें हैं, जो उपहार-स्वरूप
मुझे जयपुर, अहमदाबाद, चेन्नई, गोवा
बंगलुरू या श्रीनगर में मिली थीं
गेरुआ रंग की एक ख़ूबसूरत शॉल
भी है, जो तिरूपति में
किसी आस्थावान युवक ने मुझे भेंट की थी

सिल्क की कुछ और चादरें भी हैं
जो विभिन्न यात्राओं के दौरान
मुम्बई, हैदराबाद या दीव में
शिष्टाचारवश, मुझे ओढ़ाई गई थीं

याद आया, इन कपड़ों में
दो-एक दोशाले भी हैं, जो
माउंट आबू में किसी ने
ख़ास तौर से मुझे सौंपे थे
अलमारी में भाभा रिसर्च सेंटर
इसरो और कोच्चि की
कुछ यादगार निशानियाँ भी हैं

इन्हीं कपड़ों के बीच, हिफ़ाज़त से रखा
ऐश कलर, गोल गले वाला
ख़ालिस ऊन का वह स्वेटर भी है
जिसे, बीस बरस पहले
मेरी बहन, हुस्नआरा, ने अपने हाथों से बुना था
हर साल, जब सर्दियाँ कड़ाके की पड़ती हैं
और बर्फ़ीली हवाएँ त्वचा को
सुन्न करने लगती हैं
मैं अपनी अलमारी से इस स्वेटर को
निकालकर ज़रूर पहनता हूँ

इस साल भी, जब हड्डियों को
स्पर्श करने वाली ठंड पड़ी
और फ़िज़ा कुहरे से भर गई
मैंने इसे बार-बार पहना

अचानक, लेकिन एक दिन मुझे क्या सूझी कि
मैंने अलमारी से तमाम कपड़े निकालकर
कुछ ज़रूरतमन्दों के बीच
बाँट देने का फ़ैसला कर लिया
सूती और ऊनी कपड़े, बंडियाँ, दोशाले
इनकी तहें लगाते वक़्त
मैंने अपने लिए
गोल गले वाला वो स्वेटर
ज़रूर चुन लिया

इस स्वेटर पर
मेरी बहन की उँगलियों
की मुहर लगी है!

वो जो एक धुन्ध थी

थी तो वह एक धुन्ध ही
उजालों को मात देती
कठिन रास्तों पर चलती
बर्फ़ीले तूफ़ानों के दंश झेलती
समुद्री लहरों को आत्मसात करती
प्रकृति के पढ़े-अनपढ़े पाठ दुहराती
नदियों, तालाबों, बावड़ियों की संगत में
ज़िन्दगी के मधुर गीत गाती
मिथकों, किंवदंतियों की गोद में
आस्था के सरगम सुनाती
समय के चाक पर रेंगती
स्मृतियों के द्वार खोलती

थी तो वह एक धुन्ध ही
लेकिन आशाओं की दुनिया रचती!

• **अनुपम मिश्र की स्मृति**

मेरे गाँव की झील

एक दिन मैंने देखा
मेरे गाँव की
सात सौ बरस पुरानी झील
आग की भेंट चढ़ गई है
आग झील के किसी
किनारे से नहीं
इसके बीच वाले
हिस्से से उठी थी
और आहिस्ता-आहिस्ता
पूरी झील पर
फैल गई थी
विज्ञानियों ने देखा
जल-विशेषज्ञों ने परखा
सबने, एक स्वर से, इसे
प्रकृति का रोष कहा

दो दिन बाद, कुछ और विज्ञानी
झील का निरीक्षण करने आए
बज़ाहिर वो पहले आई
टोली से सहमत नहीं थे
आग का कारण उन्होंने

झील में फैली गन्दगी बताया
आग थी कि फैलती ही जाती थी
आग ने झील का
सारा पानी सोख लिया था

मेरे गाँव की
सात सौ बरस पुरानी झील
देखते-देखते एक
खड्ड में तब्दील हो गई है!

● **अनुपम मिश्र को**

कोई कंकाल

मिट्टी ख़ामोश थी
उसके सीने पर
महाजनी तीरों की बारिश हो रही थी
अधनंगे बच्चे अपनी भूखी आँखें समेटे
रास्तों पर बिछी जंगली घास चुन रहे थे
विक्षिप्त स्त्रियाँ अपनी हथेलियों में रेत लिये
खेतों की बाहरी सरहद पर पसरी थीं
महाजन के शोहदे लट्ठ लिये
बंजर खेतों के आसपास
हमलावरी तेवर में खड़े थे
सूखे कुएँ के तल में
ईंट-पत्थर जमा थे
पास ही किसी
छायादार पेड़ की एक बड़ी
डाल पर, जो मिट्टी की तरफ़ झुकी थी
कोई कंकाल रस्सियों के सहारे लटका था
मिट्टी ख़ामोश थी
सिर्फ़ उसकी गीली आँखों से
कुछ सूखी बूँदें टपक रही थीं!

उसे मारो कि

उसे मारो
कि उसकी
रीढ़ की हड्डी
अब भी सलामत है

उसे मारो
कि उसने
सच बोलते रहने की
अपने पुरखों की
विरासत
अपने मज़बूत हाथों में
थाम रखी है

उसे मारो
कि वो
इंसान-इंसान के बीच
रंग और लहू का
भेद नहीं करता

उसे मारो
कि वो

इनसानी रिश्तों के साये में
जीने और मरने की
सीख देकर
हमारी नस्लों को
गुमराह करता है

उसे मारो
कि वो
हमारी तरह
अपनी आस्तीन में
इनसानी साँपों को
पनपने की
इजाज़त नहीं देता

उसे मारो
कि वो
नदी में रहकर
'मछलियों से बैर'
के उसूल पर
अमल करता है

उसे मारो
कि वो
शहर में रहकर
ख़ुद को
शहर के रस्म-व-रिवाज से
और क़ायदे-क़ानून से भी
दूर रखता है

उसे मारो
कि वो
हमारी गालियों
और हमारे हमलों
के बावजूद
बेख़ौफ़
सिर उठाकर
चलते रहने की
अपनी आदत से
बाज़ नहीं आता

उट्ठो
अपनी नींदें तोड़ो
और जो भी औज़ार
तुम्हारे हाथ आए
उठाकर
उसके सिर पर
उसकी पीठ पर
या उसके सीने पर
दे मारो

जान लो
अगर वो
कुछ दिन और
इसी तरह
बेख़ौफ़
अपना सिर बुलन्द किये
अपनी राह
चलता रहा
तो हममें से कई को

गुमनामी की नींद
सुला देगा

उसे मारो
अपनी और मेरी
ज़िन्दगी चाहते हो, तो
उसे मारो
कि उसकी
रीढ़ की हड्डी
एकदम से
टूट जाए
और वो
सदा के लिए
मुख़ालिफ़ हवाओं में
तनकर खड़ा होना
और सिर बुलन्द किये
चलते रहना
भूल जाए

उट्ठो
देर मत करो
ज़िन्दा रहना चाहते हो, तो
उसे मारो
उसे मारो!

निर्दयी मौत

ये कैसी मौत है
कि जिसने गुम्बदों पर बैठे
कबूतरों के पर
एकबारगी कतर दिये हैं
और आवारा हथेलियों
की मुँडेर पर बैठी
अबाबीलों के पंखों में
ज़ंजीरें बाँध दी हैं
जिसने हवाओं को बहने
और लहरों को थिरकने
से रोक दिया है

क्या तुम पहचानते हो
इस निर्दयी मौत को?

हममें वो तासीर कहाँ

रात की तारीकी में
मैंने
ख़ामोशी से जलने वाली
आग से पूछा—
कैसी हो
कैसे हैं, हालात तुम्हारे

सहमी-सहमी, लरजाँ-लरजाँ[1]
अन्देशों की
आग में डूबी
बोली—
क्या पूछो हो, हमसे
हममें वो तासीर[2] कहाँ, जो
लफ़्ज़ों में, तक़रीरों में है

हम तो जलते हैं
(जब भी जलते हैं)
ख़ुद को राख बनाते हैं

---

1. **लरज़ाँ-लरज़ाँ**—काँपते-काँपते; 2. **तासीर**—असर।

लेकिन लफ़्ज़ों, तक़रीरों की आग
जलाती है औरों को
लम्हा-लम्हा, इनसानों के
ख़ून बहाती रहती है
इनसानों को
ख़ाक बनाती रहती है

लफ़्ज़ों, तक़रीरों की आग
हमेशा
ऐवानों[1] की ज़ीनत[2] बनकर
अपनी जान बचाती है
एक ज़माना था, जब
हम भी
शोलों से
खेला करते थे
अंगारों की सेज पे
नाज़ुक फूलों के
पैकर[3] सजते थे

अब लेकिन वो फूल कहाँ है
अंगारों की सेज कहाँ है
अब तो लफ़्ज़ों, तक़रीरों
की आग से
ऐवानों के गुम्बद
रौशन हैं

क्या पूछो हो, हमसे
हम तो ख़ुद ही

1. **ऐवानों**—ऊँचे मकान, सदन; 2. **ज़ीनत**—शोभा; 3. **पैकर**—काया।

लफ़्ज़ों, तक़रीरों की आग में
ऐसे झुलस गए हैं
जैसे हम पर
किसी ख़ुदा का
क़हर[1] पड़ा हो.

क्या पूछो हो हमसे
हममें वो तासीर कहाँ!

1. **क़हर**—दैवी कोप, बला।

नई सदी

नई सदी के ख़ुदाओ
ज़रा ठहर जाओ

गुज़श्ता साल
मेरा पैरहन[1] बनी थी आग
मैं संगसार[2] हुआ था
गुज़श्ता साल
मेरा सर उठा था नैज़े[3] पर
निशान-ज़द[4] थीं
मेरी हक़-कलामियाँ[5]
अक्सर
हदफ़[6] बनी थी क़लम

गुज़श्ता साल
मेरी रहगुज़ार[7] सूनी थी
मेरे रफ़ीक़[8]
मेरी सोहबतों से
ख़ायफ़[9] थे

1. **पैरहन**—पोशाक, 2. **संगसार**—पत्थरों की मार, 3. **नैज़े**—बरछे; 4. **निशान ज़द**—चिन्हित, पहचानी; 5. **हक़-कलामियाँ**—सच्ची बातें; 6. **हदफ़**—निशाना; 7. **रहगुज़ार**—रास्ता; 8. **रफ़ीक़**—दोस्त; 9. **ख़ायफ़**—डरे हुए।

मैं अपनी बे-वतनी का
शिकार ठहरा था
मैं बे-अमाँ[1] था
ख़जल[2] था
शिकस्ता-रूह भी था

मैं तुंद-व-तेज़ हवाओं के
इंतेशार[3] में था

मैं ख़ाक-व-ख़ून की वादी[4] में
कारज़ार[5] में था

गुज़श्ता साल
अलमनाकियों[6] के मौसम में
मेरे लबों पे
किसी के
बरहना[7] ख़ाब की
बेताबियों का साया था

नई सदी के ख़ुदाओ
मुझे बताओ ज़रा

नई सदी के मह-व-साल
साथ देंगे न
मेरे लबों पे
किसी के

---

1. **बे-अमाँ**—बेपनाह; 2. **ख़जल**—शर्मिंदा; 3. **इंतेशार**—चक्रव्यूह; 4. **वादी**—घाटी; 5. **कारज़ार**—लड़ाई, तकरार; 6. **अलमनाकियों**—यातना; 7. **बरहना**—नंगा।

बरहना ख़ाब की
बेताबियाँ रहेंगी न
शिकस्ता रूह की
परछाइयाँ रहेंगी न
शब-ए-अलम[1] की
स्यह-बख़्तियाँ[2] रहेंगी न

नई सदी के ख़ुदाओ
मुझे बताओ ज़रा!

1. **शब-ए-अलम**—यातना-भरी रात; 2. **स्यह-बख़्तियाँ**—बदक़िस्मती।

कभी इस जा

गली-कूचे में
खेतों में, पहाड़ों में
गुफ़ा में, जंगलों में
नदी में, आब्शारों[1] में
फ़िज़ाओं में, ख़ला[2] में

इकहरी धूप में
ठंडी हवा में
घने कुहरे में
रौशन आग की लौ में
सुनहरी घास रेतीली ज़मीं में
चाँद-जैसे आसमाँ में
किसी आबाद बस्ती में
किसी उजड़े मकाँ में
दुआए नीम-शब में बद-दुआ में
कभी इस जा
कभी उस जा
बहुत ढूँढ़ा किये
उस बे-अमाँ[3] को

---

1. **आबशार**—झरना; 2. **ख़ला**—शून्य; 3. **बे-अमाँ**—बिन-आसरा।

ख़ुदा मालूम
कैसी बेख़ुदी थी, कैसी
आशुफ़्ता-सरी[1] थी

बहुत ढूँढ़ा किये
उस मेहरबाँ को
ख़ुशनवा को
कर्ब-ए-जां[2] को!
कभी शायद
हमारा जो रहा हो!

1. **आशुफ़्ता-सरी**—पागलपन; 2. **कर्ब-ए-जां**—तन की पीड़ा।

तेरी नाराज़गी का सबब

मैं नहीं जानता
तेरी नाराज़गी का
सबब
मैं नहीं जानता

मेरी तश्ना-लबी[1]
मेरी आवारगी
मेरी बेचारगी

तेरी नाराज़गी का सबब
मैं नहीं जानता

हाँ, मगर
मुझको मालूम है
तेरी आवाज़ ने
मोतबर[2] साज़ ने
मेरी तन्हाइयों को
सहारा दिया

---

1. **तश्ना-लबी**—प्यास; 2. **मोतबर**—भरोस का।

मुझको मालूम है
चन्द तारीक लम्हे
मेरी ज़िन्दगी के
तेरी सोहबतों से
चिरागाँ हुए
मेरी तश्ना-लबी
तू बता
अपनी नाराज़गी का
सबब
तू बता

सच बता
तेरी नाराज़गी
बे-सबब तो नहीं
तेरा मासूम
तर्ज़-ए-तलब[1] तो नहीं

मेरी आवारगी
मेरी तश्ना-लबी
देख ले
साज़ टूटें नहीं
ख़्वाब छूटें नहीं

1. **तर्ज़-ए-तलब**—माँगने का तरीक़ा।

कोई और है

वो जो हादसात की नज़्र है
कोई और है, कोई और है
वो जो शहर है, वो जो गाँव है
वो जो धूप है, वो जो छाँव है

वो जो आग है, वो जो धुन्ध है
वो हवा जो तेज़ है, तुंद है

वो जो शाम शामे-क़फ़स[1] हुई
वो जो सुब्ह सुब्हे अबस[2] हुई

वो जो पेड़ हैं, वो जो टहनियाँ
वो जो फूल हैं, वो जो पत्तियाँ

वो जो आँसुओं का नगर हुआ
वो जो हिचकियों का सफ़र हुआ

वो जो साज़ है, वो जो उँगलियाँ
वो जो प्यार है, वो जो धमकियाँ

---

1. **क़फ़स**—क़ैद; 2. **अबस**—निरर्थक।

वो जो ख़्वाब बनके गुज़र गया
वो जो दर्द बनके ठहर गया

वो जो हादसात की नज़्र है
कोई और है, कोई और है!

ख़ुदाया तू बता

ख़ुदाया तू बता
इन बस्तियों में
कौन, कैसे लोग बसते हैं
कि मुझसे
मौसमों के रंग
फूलों की ज़बाँ
लिखने को कहते हैं
कि मुझसे
नद्दियों की आग
बर्फ़ीली फ़िज़ा
लिखने को कहते हैं

ख़ुदाया तू बता
इन बस्तियों में
कौन, कैसे लोग बसते हैं
कि मुझसे
पेड़-पौधों की
परिंदों की
क़ज़ा[1]
लिखने को कहते हैं

---

1. **कज़ा**—मौत।

खुदा तू ही बता
अगर मैं
मौसमों के रंग
फूलों की ज़बाँ
और नद्दियों की आग
बर्फ़ीली फ़िजा और
पेड़-पौधों की, परिंदों की
क़ज़ा
लिक्खूँ तो क्या लिक्खूँ
सुलगते शहर की
आबोहवा
लिक्खूँ तो क्या लिक्खूँ!

ज़ख़्मों की उम्र

कल होकर, किसी हरकारे ने मुझसे
ज़ख़्मों की परिभाषा पूछी
उनकी उम्र दरियाफ़्त की

कुछ लम्हे गँवाए मैंने, यूँही
मुनासिब शब्दों की खोज में
सवाल पूछने वाले ने तंज़िया लहजे में टोका—
बोलते क्यों नहीं, चुप क्यों हो
आँखें तुम्हारी शून्य में क्यों टिक गई हैं
पेशानी पर उदासी की लकीरें क्यों हैं

कुछ देर, अपनी आत्मा से
संवाद करता रहा, फिर ज़बान खोली—
कुछ ज़ख़्म वक़्ती होते हैं, भर जाते हैं वक़्त के साथ
निशान भी बाक़ी नहीं रहते उनके, जबकि
कुछ ज़ख़्म दायमी[1] होते हैं
मुरझाते नहीं, हमेशा ताज़ा रहते हैं

1. **दायमी**—स्थायी।

आपने जो दिये हैं, मुझे
वो इसी शुमार में आते हैं

सवाली मेरे जवाब से सन्तुष्ट हुए, और
ख़ुश-ख़ुश अपने आश्रम लौट गए!

○○○